Neerlandés: Las 1000+1 Palabras

que debes saber

sí o sí

Miguel Cano

∝ FLUO: LANGUAGES

Neerlandés: Las 1000+1 Palabras
que debes saber sí o sí
Miguel Cano

Editado y publicado por Fluo!Languages

Primera edición: Octubre 2017

Índice

Prefacio

La mayoría de los libros de vocabulario ponen el foco en textos, con los cuales aprendes progresivamente nuevas palabras, conceptos y vocabulario. Por otra parte, los libros de gramática se ocupan, casi exclusivamente, de las reglas que gobiernan el uso de los idiomas. Pero qué pasa si lo que quieres es aumentar tu vocabulario, practicar nuevas palabras y aprender al mismo tiempo de forma divertida?

Aquí entra en juego *"Neerlandés : Las 1000 + 1 Palabras que debes saber sí o sí"*: 1000 + 1, ni más - ni menos, palabras en neerlandés, organizadas por categorías gramaticales, para poder encontrar la que buscas de manera eficaz y eficiente.

Todavía quieres más? En la última sección del libro, encontrarás un diccionario bilingüe, con todas las palabras de la primera parte, como un diccionario "normal".

Listo?

SÍ ja	100% listo. Vamos!
NO nee	Pero, el primer paso es siempre el más difícil, no?

I

LAS PALABRAS

Adjetivos

Los adjetivos son una parte de la oración que complementa un sustantivo para calificarlo.

COLORES

negro zwart	**verde** groen	**rojo** rood
azul blauw	**naranja** oranje	**blanco** wit
marrón bruin	**rosa** roze	**amarillo** geel
gris grijs	**morado** paars / purple	

PARES

vivo levend	**muerto** dood
guapo mooi	**feo** lelijk
mejor beter	**peor** slechter
grande groot	**pequeño** klein
valiente dapper	**cobarde** lafaard
claro helder	**oscuro** donker
limpio schoon	**sucio** vuil / ves
común gewwon	**poco común** ongewoon
correct juist	**incorrecto** fout
profundo diep	**poco profundo** ondiep
diferente verschillend	**mismo** dezelfde
temprano vroeg	**tarde** laat

fácil gemakkelijk	**difícil** moeilijk
caro duur	**barato** goedkoop
gordo dik / vet	**delgado** dun
frecuente veelvuldig	**raro** zeldzaam
lleno vol	**vacío** leeg
bueno goed	**malo** slecht
feliz gelukkig	**triste** ongelukkig
alto hoog	**bajo** laag
caliente heet	**frío** koud
importante belangrijk	**sin importancia** onbelangrijk
interesante interessant	**aburrido** saai
ligero licht	**pesado** zwaar
largo lang	**corto** kort
ruidoso luid	**silencioso** stil

masculino mannelijk	**femenino** vrouwelijk
casado getrouwd	**soltero** alleenstaand
abierto open	**cerrado** gesloten
pacífico vredig	**violento** gewelddadig
posible mogelijk	**imposible** onmogelijk
privado privaat	**público** openbaar
rápido snel	**lento** langzaam
responsable verantwoordelijk	**irresponsable** onverantwoordelijk
rico rijk	**pobre** arm
derecho rechts	**izquierdo** links
seguro veilig	**peligroso** onveilig / gevaarlijk
agudo scherp	**desafilado** stomp
enfermo ziek	**sano** gezond
sencillo eenvoudig	**complicado** ingewikkeld

suave glad	**áspero** ruw
suave zacht	**duro** hard
sólido vast / solide	**líquido** vloeibaar
fuerte sterk	**débil** zwak
dulce zoet	**amargo** bitter
alto lang	**bajo** kort
grueso dik	**delgado** slank
apretado strak	**flojo** los
verdadero waar	**falso** vals
útil nuttig	**inútil** nutteloos
húmedo nat	**seco** droog
ancho wijd	**estrecho** nauw / smal
joven jong	**viejo** oud

MÁS ADJETIVOS

enfadado
boos / kwaad

automático
automatisch

despierto
wakker

roto
gebroken

cierto
zeker

completo
compleet

cruel
wreed

delicado
delicaat

igual
gelijk

fértil
vruchtbaar

fijo
vast

plano
vlak

tonto
dwaas

gratis
vrij / gratis

general
algemeen

estupendo
groot / heerlijk

natural
natuurlijk

normal
normaal

listo
klaar / paraat

regular
regelmatig /
geregeld

redondo
rond

secreto
geheim

serio
ernstig / serieus

especial
speciaal

extraño
vreemd

repentino
plotseling

cansado
moe

sabio
wijs

Adverbios

[El adverbio es una palabra que complementa a un verbo, un adjetivo, otros adverbios e incluso oraciones.]

DE TIEMPO

ahora
nu

luego
later

hoy
vandaag

mañana
morgen

ayer
gisteren

todavía
nog / toch

ya
al / reeds

frecuentemente
vaak / dikwijls

de vez en cuando
af en toe

regularmente
regelmatig

a veces
soms / somtijds

siempre
altijd

nunca
nooit

DE LUGAR

aquí hier	**allí** er / daar
en todas partes overal	**en ninguna parte** nergens
delante voor	**detrás** achter
encima boven	**debajo** beneden
alrededor rond / rondom	**enfrente** tegenover

DE GRADO

sólo alleen / pas	**muy** heel / erg	**bastante** genoeg
además ook / tevens	**demasiado** te / tevens	**extremadamente** uiterst / extreem

DE MODO

bien
goed

mal
slecht

rápidamente
snel / vlug

lentamente
langzaam

cuidadosamente
voorzichtig

claramente
duidelijk

así
zo

INTERROGATIVOS

¿por qué?
waarom?

¿cómo?
hoe?

¿dónde?
waar?

¿cuándo?
wanneer?

¿cuánto?
hoeveel?

¿cuántos?
hoeveel?

Conjunciones

Las conjunciones son palabras o conjuntos de palabras que enlazan proposiciones, sintagmas o palabras.

y en	**pero** maar	**mientras** terwijl
o of	**cuando** wanneer	**antes** aleer
por want	**porque** omdat / daar	**después** nadat

Sustantivos

Los sustantivos son palabras cuyos referentes son clases de entidades fijas, cosas o conceptos.

CIUDAD

LUGARES

edificio
gebouw

salida
uitgang

entrada
ingang

lugar
plaats

aeropuerto
luchthaven

estación
busstation

cine
bioscoop

panadería
bakkerij

carnicería
slagerij

galería
galerij

banco
bank

cafetería
café / koffiehuis

gimnasio
gymzaal

librería
boekwinkel

iglesia
kerk

peluquería
kapper

hospital
ziekenhuis

parque
park

cárcel
gevangenis

hotel
hotel

gasolinera
benzinestation

restaurante
restaurant

biblioteca
bibliotheek

farmacia
apotheek

colegio
school

mercado
markt

comisaría
politiebureau

supermercado
supermarkt

museo
museum

puerto
haven

universidad
universiteit

COMPRAS Y FINANZAS

cuenta
rekening

anuncio
reclame /
advertentie

pasillo
gangpad

cantidad
bedrag

bolso
tas /
boodschappentas

código de barras
streepjescode

cesta
winkelmandje

cuenta
rekening / factur

cajero
kassier

probador
paskamer

tarjeta de crédito
kredietkaart

cliente
klant

deuda
schuld

sección
afdeling

dinero
geld

oferta
aanbod /
aanbieding

precio
prijs

rebajas
uitverkoop

impuesto
belasting

caja
kassa

aseos
toiletten

carro
winkelwagentje

TRÁFICO

dirección
adres

mapa
kaart

plaza
plein

avenida
avenue

carretera
weg

calle
straat

dirección
richting

señal
teken

semáforo
verkeerslicht

TRANSPORTE

tranporte
vervoer

avión
vliegtuig

motor
motor

asiento
zitplaats

ambulancia
ziekenwagen

vuelo
vlucht

barco
schip

bicicleta
fiets

viaje
reis

taxi
taxi

barca
boot

camión
vrachtwagen

billete
ticket / kaartje

autobús
bus

moto
motorfiets

tren
trein

coche
auto

gasolina
benzine

MEDIO AMBIENTE

ANIMALES

animal
dier

pájaro
vogel

pez
vis

hormiga
mier

abeja
bij

gato
kat

vaca
koe

perro
hond

elefante
olifant

mosca
vlieg

rana
kikker

jirafa
giraffe

cabra
geit

gallina
kip

caballo
paard

león
leeuw

mono
aap

ratón
muis

cerdo
varken

conejo
konijn

oveja
schaap

tiburón
haai

serpiente
slang

araña
spin

tigre
tijger

ballena
walvis

gusano
worm

PAISAJE

playa strand	**lago** meer	**cielo** hemel
costa kust	**montaña** berg	**espacio** heelal
desierto woestijn	**océano** oceaan	**piedra** steen
polvo stof	**río** rivier	**volcán** vulkaan
tierra aarde	**roca** rots	**cascada** waterval
bosque bos	**arena** zand	
césped gras	**mar** zee	

MATERIALES Y ELEMENTOS

latón messing	**algodón** katoen	**hierro** ijzer
carbón steenkool	**fuego** brand / vuur	**cuero** leer
cobre koper	**oro** goud	**metal** metaal

plata
zilver

madera
hout

cera
was

acero
staal

lana
wol

PLANTAS

rama
tak

hoja
blad

árbol
boom

flor
bloem

raíz
wortel

TIEMPO

aire
lucht

relámpago
bliksem

sol
zon

nube
wolk

neblina
mist

temperatura
temperatuur

granizo
hagel

lluvia
regen

trueno
donder

calor
hitte

nieve
sneeuw

viento
wind

hielo
ijs

tormenta
storm / onweer

ola
golf

COMIDA

BEBIDAS

cerveza bier	**leche** melk	**vino** wijn
café koffie	**té** thee	
zumo sap	**agua** water	

FRUTAS

manzana appel	**uva** druif	**melocotón** perzik
albaricoque abrikoos	**kiwi** kiwi	**pera** peer
plátano banaan	**limón** citroen	**piña** ananas
cereza kers	**melón** meloen	**fresa** aardbei
coco kokosnoot	**naranja** sinaasappel	**sandía** watermeloen

LEGUMBRES

judía boon	**berenjena** eierplant	**pimiento** paprika
zanahoria wortel	**lechuga** sla	**patata** aardappel
coliflor bloemkool	**seta** paddestoel	**calabaza** pompoen
maíz maïs	**cebolla** ui	**tomate** tomaat
pepino komkommer	**guisante** erwt	

MÁS ALIMENTOS

comida eten	**gusto** smaak

pan brood	**huevo** ei	**aceite** olie
mantequilla boter	**pescado** vis	**pasta** pasta
pastel taart	**harina** meel	**pimienta** peper
queso kaas	**helado** ijsje	**cerdo** varkensvlees
pollo kip	**carne** vlees	**arroz** rijst

sal
zout

sopa
soep

vinagre
azijn

bocadillo
broodje

especia
specerij / kruiden

yogur
yoghurt

salchicha
worst

azúcar
suiker

GEOGRAFÍA

CONTINENTES

Europa
Europa

África
Afrika

Oceanía
Oceanië

Asia
Azië

América
Amerika

PAISES

país
land

Argentina
Argentinië

Bélgica
België

China
China

Australia
Australië

Canadá
Canada

Colombia
Colombia

Dinamarca
Denemarken

Finlandia
Finland

Francia
Frankrijk

Alemania
Duitsland

Grecia
Griekenland

India
Indië

Italia
Italië

Japón
Japan

México
Mexico

Países Bajos
Nederland

Noruega
Noorwegen

Polonia
Polen

Portugal
Portugal

Rusia
Rusland

España
Spanje

Suecia
Zweden

Turquía
Turkije

Reino Unido
Verenigd Koningkrijk

Estados Unidos
Verenigde Staten

DIRECCIONES

norte
noorden

sur
zuiden

oeste
westen

este
oosten

HOGAR

GENERAL

casa
huis

sótano
kelder

jardín
tuin

habitación
kamer

ladrillo
baksteen

llave
sleutel

escalera
trappenhuis

chimenea
schoorsteen

buzón
brievenbus

teja
tegel

puerta
deur

cerradura
slot

pared
muur

piso
vloer

tejado
dak

ventana
venster

CUARTO DE BAÑO

cuarto de baño
badkamer

bañera
badkuip

champú
shampoo

jabón
zeep

peine
kam

ducha
douche

esponja
spons

wáter toilet	**toalla** handdoek	**lavabo** wasbak / wastafel
cepillo de dientes tandenborstel	**secadora** wasdroger	**lavadora** wasmachine

DORMITORIO

dormitorio
slaapkamer

despertador wekker	**edredón** dekbed	**almohada** kussen
cama bed	**colchón** matras	**sábana** laken
manta deken	**espejo** spiegel	**armario** kleerkast

COCINA

cocina
keuken

botella fles	**sartén** koekenrpan	**horno** oven
silla stoel	**vaso** glas	**plato** bord
taza beker / kop	**cuchillo** mes	**nevera** koelkast / ijskast
tenedor vork	**microondas** magnetronoven	**cubo de basura** vuilnisbak

estante
plank

mesa
tafel

bandeja
dienblad

fregadero
gootsteen

grifo
waterkraan

cuchara
lepel

tetera
theepot

SALA DE ESTAR

sala de estar
woonkamer

sillón
fauteuil

cojín
kussen

televisión
televisie

alfombra
tapijt

chimenea
haard

jarrón
vaas

mesa de café
koffietafel

lámpara
lamp

cortina
gordijn

teléfono
telefoon

OFICINA

oficina
kantoor

libro
boek

ordenador
computer

cajón
lade

biblioteca
boekenkast

escritorio
bureau

sobre
envelop

carpeta
het dossier

nota
Notitie

lápiz
potlood

teclado
toetsenbord

cuaderno
notitieboekje

impresora
printer

carta
brief

papel
papier

sello
postzegel

pantalla
monitor

bolígrafo
pen

papelera
afvalbak

TALLER

caja
doos

martillo
hamer

tijeras
schaar

brocha
kwast

serrucho
handzaag

tornillo
schroef

cubo
emmer

máquina
machine

destornillador
schroevedraaier

taladro
boormachine

tuerca
moer

clavo
nagel

OCIO

ARTES

arte kunst	**concierto** concert
pincel penseel	**instrumento** muziekinstrument
lienzo doek	**película** film

danza
dans

música
muziek

teatro
theater

diseño
ontwerp

pintura
schilderkunst

escritura
schrijven

dibujo
tekenen

cerámica
pottenbakkerij

JUEGOS

ajedrez
schaak

damas
damspel

tablero
bordspel

backgammon
triktrak

dominó
dominospel

DEPORTES

ataque
aanval

ocio
vermaak

pelota
bal

aficionado
fan / bewonderaar

competencia
competitie / wedstrijd

deporte
sport

baloncesto
basketbal

balonmano
handbal

voleibol
volleybal

ciclismo
wielersport

esquí
ski

waterpolo
waterpolo

fútbol
voetbal

natación
zwemmen

lucha
worstelen

golf
golf

tenis
tennis

GENTE

IDENTIDAD

persona
persoon

adulto
volwassene

chico
jongen

niño
kind

sexo
geslacht / sekse

chica
meisje

hombre
man

nombre
naam

mujer
vrouw

apellido
achternaam

CUERPO Y SALUD

cuerpo
lichaam

salud
gezondheid

brazo
arm

barbilla
kin

pie
voet

espalda
ug

tos
hoesten

cabello
haar

sangre
bloed

enfermedad
ziekte

mano
hand

hueso
bot

oreja
oor

cabeza
hoofd

cerebro
hersenen

ojo
oog

corazón
hart

aliento
adem

ceja
wenkbrauw

riñon
nier

quemadura
brandwond

pestaña
wimper

rodilla
knie

cuidado
zorg

cara
gezicht

pierna
been

pecho
borst

dedo
vinger

labio
lip

hígado lever	**cuello** hals	**lengua** tong
pulmón long	**nariz** neus	**diente** tand
memoria geheugen	**piel** huid	**voz** stem
boca mond	**estómago** maag	**peso** gewicht
uña nagel	**garganta** keel	**herida** wond

ROPA Y ACCESORIOS

ropa kleren	**talla** maat

bolso tas	**gafas** bril	**anillo** ring
blusa blouse	**guante** handschoen	**bufanda** sjaal / das
bota laars	**sombrero** hoed / kap	**camisa** overhemd
botón knoop	**chaqueta** jack	**zapato** schoen
abrigo mantel / jas	**joya** juweel	**falda** rok
vestido jurk	**bolsillo** zak	**calcetín** sok

gafas de sol
zonnebril

pantalones
broek

bolsillo
portemonnee

corvata
stopdas

paraguas
paraplu

reloj
polshorloge

FAMILIA

familia
familie

madre
moeder

padre
vader

hijo
zoon

hija
dochter

hermano
broer

hermana
zus

tía
tante

tío
oom

abuelo
grootvader

abuela
grootmoeder

nieta
kleindochter

nieto
kleinzoon

sobrino
neef

sobrina
nicht

cuñado
schoonbroer / zwager

cuñada
schoonzus

suegra
schoonmoeder

suegro
schoonvader

PROFESIONES

negocio
bedrijf

empresa
vennootschap

dependiente
werknemer

jefe
werkgever

trabajo
werk

contable
boekhouder

actor
acteur

arquitecto
architect

autor
uuteur / schrijver

panadero
bakker

albañil
bouwer

carnicero
slager / beehouwer

carpintero
timmerman

cocinero
chefkok

dentista
tandarts

diseñador
ontwerper

médico
docter

electricista
elektricien

ingeniero
ingenieur

agricultor
boer / landbouwen

bombero
brandweerman

pescador
visser

jardinero
tuinman

peluquero
kapper

periodista
journalist

juez
rechter

abogado
advocaat

bibliotecario
bibliothecaris

mecánico
monteur / mechanicus

enfermera
verpleegster

óptico
opticien

pintor
schilder

farmacéutico
apotheker

cartero
postbode

cantante
zanger

fotógrafo
fotograaf

presidente
president

soldado
soldaat

piloto
piloot

programador
programmeur

conductor de taxi
taxichauffeur

fontanero
loodgieter

recepcionista
receptionist

maestro
leraar

policía
politieman

científico
wetenschapper

traductor
vertaler

político
politicus

secretario
secretaris

camarero
ober

TIEMPO

RELOJ

hora
uur

segundo
seconde

minuto
minuut

hora
tijd

PARTES DEL DÍA

amanecer
zonsopkomst

mañana
ochtend

mediodía
middag / middaguur

tarde
avond

atardecer
dageraad

noche
nacht

medianoche
middernacht

DÍAS DE LA SEMANA

día
dag

semana
week

domingo
zondag

lunes
maandag

martes
dinsdag

miércoles
woensdag

jueves
donderdag

viernes
vrijdag

sábado
zaterdag

MESES DEL AÑO

mes
maand

año
jaar

enero
januari

febrero
februari

marzo
maart

abril
april

mayo
mei

junio
juni

julio
juli

agosto
augustus

septiembre
september

octubre
oktober

noviembre
november

diciembre
december

ESTACIONES

estación
seizoen

primavera
lente

verano
zomer

otoño
herfst

invierno
winter

ABSTRACTOS

EVENTOS

respuesta
antwoord

intento
poging

nacimiento
geboorte

causa
oorzaak

cambio

veranderening

peligro
gevaar

muerte
dood

discusión
discussie

pérdida
verlies

pregunta
vraag

resultado
resultaat

SENTIMIENTOS

deseo
verlangen

miedo
angst / vrees

sensación
gevoel

amor
liefde

dolor
pijn

sorpresa
verrassing

CALIDADES

belleza
schoonheid

coraje
moed

fuerza
kracht

calidad
kwaliteit

valor
waarde

ESTADOS

condición
staat / voorwaarde

libertad
vrijheid

paz
vrede

guerra
oorlog

✱ CONCEPTOS

acuerdo
overeenkomst

atención
aandacht

oportunidad
kans / toeval

crime
misdaad

decisión
besluit

duda
twijfel

educación
onderwijs

ejemplo
voorbeeld

experiencia
belevenis

fe
geloof

historia
geschiedenis

idea
idee

idioma
taal

ley
wet

mentira
leugen

poder
macht

problema
probleem

programa
programma

razón
reden

relación
verhouding

religión
godsdienst

ciencia
wetenschap

estructura
structuur

sistema
systeem

teoría
theorie

cosa
ding

verdad
waarheid

palabra
woord

Numerales

Les (adjectifs) numéraux, cardinaux et ordinaux, sont les mots qui expriment une quantité.

NÚMEROS CARDINALES (0-10)

número
nummer

cero
nul

uno
één

dos
twee

tres
drie

cuatro
vier

cinco
vijf

seis
zes

siete
zeven

ocho
acht

nueve
negen

diez
tien

NÚMEROS CARDINALES (11-19)

once
elf

doce
twaalf

trece
dertien

catorce
veertien

quince
vijftien

dieciseis
zestien

diecisiete
zeventien

dieciocho
achttien

diecinueve
negentien

NÚMEROS CARDINALES (20+)

veinte
twintig

treinta
dertig

cuarenta
veertig

cincuenta
vijftig

sesenta
zestig

setenta
zeventig

ochenta
tachtig

noventa
negentig

cien
honderd

mil
duizend

un millón
een miljoen

NÚMEROS ORDINALES (1-10)

primero
eerste

segundo
tweede

tercero
derde

cuarto
vierde

quinto
vijfde

sexto
zesde

séptimo
zevende

octavo
achtste

noveno
negende

décimo
tiende

Pronombres

[Los pronombres son palabras o morfemas cuyo referente no es fijo sino que se determina en relación con otras que normalmente ya se han nombrado.]

PRONOMBRES PERSONALES

yo
ik

tú
u / jij

él
hij

ella
zij

nosotros / nosotras
wij

vosotros / vosotras
jullie

ellos / ellas
zij

PRONOMBRES INDEFINIDOS

nadie niemand	**nada** niets
todos iedereen	**todo** alles
cualquiera iemand / wie dan ook	**cualquier cosa** iets / wat dan ook

PRONOMBRES INTERROGATIVOS

¿quién? wie?	**¿qué?** wat?
¿cuál? welk? welke?	**¿de quién?** wiens? van wie?

Verbos

El verbo es la parte de la oración o categoría léxica que expresa acción, movimiento, existencia, consecución, condición o estado del sujeto.

PARES

preguntar vragen	**contestar** antwoorden
empezar beginnen	**terminar** eindigen
comprar kopen	**vender** verkopen
venir komen	**ir** gaan
llorar wenen / huilen	**reir** lachen
comer eten	**beber** drinken

entrar	**salir**
ingaan / binnenkomen	uitgaan
dar	**tomar**
geven	nemen
subir	**bajar**
opgaan	afdalen
escuchar	**oir**
luisteren	horen
vivir	**morir**
leven	doodgaan / sterven
mirar	**ver**
kijken	zien
querer	**odiar**
liefhebben / houden van	haten
abrir	**cerrar**
openen	sluiten
meter	**sacar**
Inbrengen	afhaalmaaltijd
recordar	**olvidar**
zich herinneren	vergeten
enviar	**recibir**
zenden	krijgen
dormir	**despertarse**
slapen	wakker worden / otwaken
ganar	**perder**
winnen	verliezen
escribir	**leer**
schrijven	lezen

MÁS VERBOS

aceptar
accepteren

permitir
toestaan

pedir
vragen / verzoeken

ser
zijn

hacerse
worden

creer
geloven

morder
bijten

traer
brengen

llamar
noemen / roepen

poder
kunnen

cambiar
veranderen

escoger
kiezen

limpiar
reinigen / schoonmaken

costar
kosten

continuar
verdergaan / voortzetten

crear
creëren / scheppen

cortar
snijden

borrar
verwijderen / wissen

hacer
doen

conducir
rijden

explicar
verklaren

caer
vallen

sentir
voelen

encontrar
vinden

seguir
volgen

prohibir
verbieden

tener
hebben

ayudar
helpen

esconder
verbergen

esperar
hopen

guardar
houden

saber
weten / kennen

irse
vertrekken / verlaten

aprender
leren

dejar
laten

hacer
maken

encontrar
ontmoeten

mover
bewegen

necesitar
nodig hebben / behoeven

ofrecer
bieden

pagar
betalen

jugar
spelen

poner
zetten

alcanzar
bereiken

volver
terugkeren / terugbrengen

correr
rennen

decir
zeggen

buscar
zoeken

parecer
lijken

sentarse
zitten

oler
ruiken

sonreír
glimlachen

fumar
roken

enseñar
tonen

hablar
praten

gastar
besteden / doorbrengen

robar
stelen

parar
stoppen

nadar
zwemmen

enseñar
leren / onderwijzen

pensar
denken

intentar
proberen

entender
begrijpen

utilizar
gebruiken

esperar
wachten

caminar
lopen / wandelen

querer
willen

lavar
wassen

trabajar
werken

II

DICCIONARIO

Español-Neerlandés

A

a veces • *adv* soms, somtijds
abeja • *n* bij
abierto • *adj* open
abogado • *n* advocaat
abrigo • *n* mantel, jas
abril • *n* april
abrir • *v* openen
abuela • *n* grootmoeder
abuelo • *n* grootvader
aburrido • *adj* saai
aceite • *n* olie
aceptar • *v* accepteren
acero • *n* staal
actor • *n* acteur
acuerdo • *n* overeenkomst
además • *adv* ook, tevens
adulto • *n* volwassene
aeropuerto • *n* luchthaven
aficionado • *n* fan, bewonderaar
África • *n* Afrika
agosto • *n* augustus
agricultor • *n* boer, landbouwen
agua • *n* water
agudo • *adj* scherp
ahora • *adv* nu
aire • *n* lucht
ajedrez • *n* schaak
albañil • *n* bouwer
albaricoque • *n* abrikoos
alcanzar • *v* bereiken
Alemania • *n* Duitsland
alfombra • *n* tapijt
algodón • *n* katoen
aliento • *n* adem
allí • *adv* er, daar
almohada • *n* kussen
alrededor • *adv* rond, rondom
alto • *adj* hoog, lang
amanecer • *n* zonsopkomst
amargo • *adj* bitter
amarillo • *adj* geel
ambulancia • *n* ziekenwagen
América • *n* Amerika
amor • *n* liefde
ancho • *adj* wijd
anillo • *n* ring
animal • *n* dier
antes • *conj* aleer
anuncio • *n* reclame, advertentie
año • *n* jaar
apellido • *n* achternaam
aprender • *v* leren
apretado • *adj* strak
aquí • *adv* hier
araña • *n* spin
árbol • *n* boom
arena • *n* zand
Argentina • *n* Argentinië
armario • *n* kleerkast
arquitecto • *n* architect
arroz • *n* rijst
arte • *n* kunst
aseos • *n* toiletten
así • *adv* zo

Asia • *n* Azië
asiento • *n* zitplaats
áspero • *adj* ruw
ataque • *n* aanval
atardecer • *n* dageraad
atención • *n* aandacht
Australia • *n* Australië
autobús • *n* bus
automático • *adj* automatisch
autor • *n* uuteur, schrijver
avenida • *n* avenue
avión • *n* vliegtuig
ayer • *adv* gisteren
ayudar • *v* helpen
azúcar • *n* suiker
azul • *adj* blauw

B

backgammon • *n* triktrak
bajar • *v* afdalen
bajo • *adj* laag, kort
ballena • *n* walvis
baloncesto • *n* basketbal
balonmano • *n* handbal
banco • *n* bank
bandeja • *n* dienblad
bañera • *n* badkuip
barato • *adj* goedkoop
barbilla • *n* kin
barca • *n* boot
barco • *n* schip
bastante • *adv* genoeg
beber • *v* drinken
Bélgica • *n* België
belleza • *n* schoonheid
berenjena • *n* eierplant
biblioteca • *n* bibliotheek, boekenkast
bibliotecario • *n* bibliothecaris
bicicleta • *n* fiets
bien • *adv* goed
billete • *n* ticket, kaartje
blanco • *adj* wit
blusa • *n* blouse
boca • *n* mond
bocadillo • *n* broodje
bolígrafo • *n* pen
bolsillo • *n* zak, portemonnee
bolso • *n* tas, boodschappentas, tas
bombero • *n* brandweerman
borrar • *v* verwijderen, wissen
bosque • *n* bos
bota • *n* laars
botella • *n* fles
botón • *n* knoop
brazo • *n* arm
brocha • *n* kwast
bueno • *adj* goed
bufanda • *n* sjaal, das
buscar • *v* zoeken
buzón • *n* brievenbus

C

caballo • *n* paard
cabello • *n* haar
cabeza • *n* hoofd
cabra • *n* geit
caer • *v* vallen
café • *n* koffie
cafetería • *n* café, koffiehuis
caja • *n* kassa, doos
cajero • *n* kassier
cajón • *n* lade

calabaza • *n* pompoen
calcetín • *n* sok
calidad • *n* kwaliteit
caliente • *adj* heet
calle • *n* straat
calor • *n* hitte
cama • *n* bed
camarero • *n* ober
cambiar • *v* veranderen
cambio • *n* veranderening
caminar • *v* lopen, wandelen
camión • *n* vrachtwagen
camisa • *n* overhemd
Canadá • *n* Canada
cansado • *adj* moe
cantante • *n* zanger
cantidad • *n* bedrag
cara • *n* gezicht
carbón • *n* steenkool
cárcel • *n* gevangenis
carne • *n* vlees
carnicería • *n* slagerij
carnicero • *n* slager, beehouwer
caro • *adj* duur
carpeta • *n* het dossier
carpintero • *n* timmerman
carretera • *n* weg
carro • *n* winkelwagentje
carta • *n* brief
cartero • *n* postbode
casa • *n* huis
casado • *adj* getrouwd
cascada • *n* waterval
catorce • *num* 14 (veertien)
causa • *n* oorzaak
cebolla • *n* ui
ceja • *n* wenkbrauw
cepillo de dientes • *n* tandenborstel
cera • *n* was
cerámica • *n* pottenbakkerij
cerdo • *n* varken, varkensvlees
cerebro • *n* hersenen
cereza • *n* kers
cero • *num* 0 (nul)
cerrado • *adj* gesloten
cerradura • *n* slot
cerrar • *v* sluiten
cerveza • *n* bier
césped • *n* gras
cesta • *n* winkelmandje
champú • *n* shampoo
chaqueta • *n* jack
chica • *n* meisje
chico • *n* jongen
chimenea • *n* schoorsteen, haard
China • *n* China
ciclismo • *n* wielersport
cielo • *n* hemel
cien • *num* 100 (honderd)
ciencia • *n* wetenschap
científico • *n* wetenschapper
cierto • *adj* zeker
cinco • *num* 5 (vijf)
cincuenta • *num* 50 (vijftig)
cine • *n* bioscoop
claramente • *adv* duidelijk
claro • *adj* helder
clavo • *n* nagel
cliente • *n* klant
cobarde • *adj* lafaard
cobre • *n* koper
coche • *n* auto
cocina • *n* keuken
cocinero • *n* chefkok
coco • *n* kokosnoot
código de barras • *n* streepjescode
cojín • *n* kussen
colchón • *n* matras
colegio • *n* school
coliflor • *n* bloemkool
Colombia • *n* Colombia
comer • *v* eten
comida • *n* eten
comisaría • *n* politiebureau
¿cómo? • *adv* hoe?
competencia • *n* competitie, wedstrijd
completo • *adj* compleet
complicado • *adj* ingewikkeld
comprar • *v* kopen
común • *adj* gewwon
concierto • *n* concert
condición • *n* staat, voorwaarde
conducir • *v* rijden

conductor de taxi • *n* taxichauffeur
conejo • *n* konijn
contable • *n* boekhouder
contestar • *v* antwoorden
continuar • *v* verdergaan, voortzetten
coraje • *n* moed
corazón • *n* hart
correct • *adj* juist
correr • *v* rennen
cortar • *v* snijden
cortina • *n* gordijn
corto • *adj* kort
corvata • *n* stopdas
cosa • *n* ding
costa • *n* kust
costar • *v* kosten
crear • *v* creëren, scheppen
creer • *v* geloven
crime • *n* misdaad
cruel • *adj* wreed
cuaderno • *n* notitieboekje
¿cuál? • *pron* welk? welke?
cualquier cosa • *pron* iets, wat dan ook
cualquiera • *pron* iemand, wie dan ook
cuando • *conj* wanneer
¿cuándo? • *adv* wanneer?
¿cuánto? • *adv* hoeveel?
¿cuántos? • *adv* hoeveel?
cuarenta • *num* 40 (veertig)
cuarto • *num* vierde
cuarto de baño • *n* badkamer
cuatro • *num* 4 (vier)
cubo • *n* emmer
cubo de basura • *n* vuilnisbak
cuchara • *n* lepel
cuchillo • *n* mes
cuello • *n* hals
cuenta • *n* rekening, rekening, factur
cuero • *n* leer
cuerpo • *n* lichaam
cuidado • *n* zorg
cuidadosamente • *adv* voorzichtig
cuñada • *n* schoonzus
cuñado • *n* schoonbroer, zwager

D

damas • *n* damspel
danza • *n* dans
dar • *v* geven
¿de quién? • *pron* wiens? van wie?
de vez en cuando • *adv* af en toe
debajo • *adv* beneden
débil • *adj* zwak
décimo • *num* tiende
decir • *v* zeggen
decisión • *n* besluit
dedo • *n* vinger
dejar • *v* laten
delante • *adv* voor
delgado • *adj* dun, slank
delicado • *adj* delicaat
demasiado • *adv* te, tevens
dentista • *n* tandarts
dependiente • *n* werknemer
deporte • *n* sport
derecho • *adj* rechts
desafilado • *adj* stomp
deseo • *n* verlangen
desierto • *n* woestijn
despertador • *n* wekker
despertarse • *v* wakker worden, otwaken
despierto • *adj* wakker
después • *conj* nadat
destornillador • *n* schroevedraaier
detrás • *adv* achter
deuda • *n* schuld
día • *n* dag

dibujo • *n* tekenen
diciembre • *n* december
diecinueve • *num* 19 (negentien)
dieciocho • *num* 18 (achttien)
dieciseis • *num* 16 (zestien)
diecisiete • *num* 17 (zeventien)
diente • *n* tand
diez • *num* 10 (tien)
diferente • *adj* verschillend
difícil • *adj* moeilijk
Dinamarca • *n* Denemarken
dinero • *n* geld
dirección • *n* adres, richting
discusión • *n* discussie
diseñador • *n* ontwerper
diseño • *n* ontwerp
doce • *num* 12 (twaalf)
dolor • *n* pijn
domingo • *n* zondag
dominó • *n* dominospel
¿dónde? • *adv* waar?
dormir • *v* slapen
dormitorio • *n* slaapkamer
dos • *num* 2 (twee)
ducha • *n* douche
duda • *n* twijfel
dulce • *adj* zoet
duro • *adj* hard

E

edificio • *n* gebouw
edredón • *n* dekbed
educación • *n* onderwijs
ejemplo • *n* voorbeeld
él • *pron* hij
electricista • *n* elektricien
elefante • *n* olifant
ella • *pron* zij
ellos / ellas • *pron* zij
empezar • *v* beginnen
empresa • *n* vennootschap
en ninguna parte • *adv* nergens
en todas partes • *adv* overal
encima • *adv* boven
encontrar • *v* vinden, ontmoeten
enero • *n* januari
enfadado • *adj* boos, kwaad
enfermedad • *n* ziekte
enfermera • *n* verpleegster
enfermo • *adj* ziek
enfrente • *adv* tegenover
enseñar • *v* tonen, leren, onderwijzen
entender • *v* begrijpen
entrada • *n* ingang
entrar • *v* ingaan, binnenkomen
enviar • *v* zenden
escalera • *n* trappenhuis
escoger • *v* kiezen
esconder • *v* verbergen
escribir • *v* schrijven
escritorio • *n* bureau
escritura • *n* schrijven
escuchar • *v* luisteren
espacio • *n* heelal
espalda • *n* ug
España • *n* Spanje
especia • *n* specerij, kruiden
especial • *adj* speciaal
espejo • *n* spiegel
esperar • *v* hopen, wachten
esponja • *n* spons
esquí • *n* ski
estación • *n* busstation, seizoen
Estados Unidos • *n* Verenigde Staten
estante • *n* plank
este • *n* oosten
estómago • *n* maag
estrecho • *adj* nauw, smal
estructura • *n* structuur
estupendo • *adj* groot, heerlijk
Europa • *n* Europa
experiencia • *n* belevenis
explicar • *v* verklaren
extraño • *adj* vreemd

extremadamente • *adv* uiterst, extreem

F

fácil • *adj* gemakkelijk
falda • *n* rok
falso • *adj* vals
familia • *n* familie
farmacéutico • *n* apotheker
farmacia • *n* apotheek
fe • *n* geloof
febrero • *n* februari
feliz • *adj* gelukkig
femenino • *adj* vrouwelijk
feo • *adj* lelijk
fértil • *adj* vruchtbaar
fijo • *adj* vast
Finlandia • *n* Finland
flojo • *adj* los
flor • *n* bloem
fontanero • *n* loodgieter
fotógrafo • *n* fotograaf
Francia • *n* Frankrijk
frecuente • *adj* veelvuldig
frecuentemente • *adv* vaak, dikwijls
fregadero • *n* gootsteen
fresa • *n* aardbei
frío • *adj* koud
fuego • *n* brand, vuur
fuerte • *adj* sterk
fuerza • *n* kracht
fumar • *v* roken
fútbol • *n* voetbal

G

gafas • *n* bril
gafas de sol • *n* zonnebril
galería • *n* galerij
gallina • *n* kip
ganar • *v* winnen
garganta • *n* keel
gasolina • *n* benzine
gasolinera • *n* benzinestation
gastar • *v* besteden, doorbrengen
gato • *n* kat
general • *adj* algemeen
gimnasio • *n* gymzaal
golf • *n* golf
gordo • *adj* dik, vet
grande • *adj* groot
granizo • *n* hagel
gratis • *adj* vrij, gratis
Grecia • *n* Griekenland
grifo • *n* waterkraan
gris • *adj* grijs
grueso • *adj* dik
guante • *n* handschoen
guapo • *adj* mooi
guardar • *v* houden
guerra • *n* oorlog
guisante • *n* erwt
gusano • *n* worm
gusto • *n* smaak

H

habitación • *n* kamer
hablar • *v* praten
hacer • *v* doen, maken
hacerse • *v* worden
harina • *n* meel
helado • *n* ijsje
herida • *n* wond
hermana • *n* zus
hermano • *n* broer
hielo • *n* ijs
hierro • *n* ijzer
hígado • *n* lever
hija • *n* dochter
hijo • *n* zoon
historia • *n* geschiedenis
hoja • *n* blad
hombre • *n* man
hora • *n* uur, tijd
hormiga • *n* mier
horno • *n* oven
hospital • *n* ziekenhuis
hotel • *n* hotel
hoy • *adv* vandaag
hueso • *n* bot
huevo • *n* ei
húmedo • *adj* nat

I

idea • *n* idee
idioma • *n* taal
iglesia • *n* kerk
igual • *adj* gelijk
importante • *adj* belangrijk
imposible • *adj* onmogelijk
impresora • *n* printer
impuesto • *n* belasting
incorrecto • *adj* fout
India • *n* Indië
ingeniero • *n* ingenieur
instrumento • *n* muziekinstrument
intentar • *v* proberen
intento • *n* poging
interesante • *adj* interessant
inútil • *adj* nutteloos
invierno • *n* winter
ir • *v* gaan
irresponsable • *adj* onverantwoordelijk
irse • *v* vertrekken, verlaten
Italia • *n* Italië
izquierdo • *adj* links

J

jabón • *n* zeep
Japón • *n* Japan
jardín • *n* tuin
jardinero • *n* tuinman
jarrón • *n* vaas
jefe • *n* werkgever
jirafa • *n* giraffe
joven • *adj* jong
joya • *n* juweel
judía • *n* boon
jueves • *n* donderdag
juez • *n* rechter

jugar • *v* spelen
julio • *n* juli
junio • *n* juni

K

kiwi • *n* kiwi

L

labio • *n* lip
ladrillo • *n* baksteen
lago • *n* meer
lámpara • *n* lamp
lana • *n* wol
lápiz • *n* potlood
largo • *adj* lang
latón • *n* messing
lavabo • *n* wasbak, wastafel
lavadora • *n* wasmachine
lavar • *v* wassen
leche • *n* melk
lechuga • *n* sla
leer • *v* lezen
lengua • *n* tong
lentamente • *adv* langzaam
lento • *adj* langzaam
león • *n* leeuw
ley • *n* wet
libertad • *n* vrijheid
librería • *n* boekwinkel
libro • *n* boek
lienzo • *n* doek
ligero • *adj* licht
limón • *n* citroen
limpiar • *v* reinigen, schoonmaken
limpio • *adj* schoon
líquido • *adj* vloeibaar
listo • *adj* klaar, paraat
llamar • *v* noemen, roepen
llave • *n* sleutel
lleno • *adj* vol
llorar • *v* wenen, huilen
lluvia • *n* regen
lucha • *n* worstelen
luego • *adv* later
lugar • *n* plaats
lunes • *n* maandag

M

madera • *n* hout
madre • *n* moeder
maestro • *n* leraar
maíz • *n* maïs
mal • *adv* slecht
malo • *adj* slecht
mano • *n* hand
manta • *n* deken
mantequilla • *n* boter
manzana • *n* appel
mañana • *adv* morgen • *n* ochtend
mapa • *n* kaart
máquina • *n* machine
mar • *n* zee
marrón • *adj* bruin

martes • *n* dinsdag
martillo • *n* hamer
marzo • *n* maart
masculino • *adj* mannelijk
mayo • *n* mei
mecánico • *n* monteur, mechanicus
medianoche • *n* middernacht
médico • *n* docter
mediodía • *n* middag, middaguur
mejor • *adj* beter
melocotón • *n* perzik
melón • *n* meloen
memoria • *n* geheugen
mentira • *n* leugen
mercado • *n* markt
mes • *n* maand
mesa • *n* tafel
mesa de café • *n* koffietafel
metal • *n* metaal
meter • *v* Inbrengen
México • *n* Mexico
microondas • *n* magnetronoven
miedo • *n* angst, vrees
mientras • *conj* terwijl
miércoles • *n* woensdag
mil • *num* 1000 (duizend)
minuto • *n* minuut
mirar • *v* kijken
mismo • *adj* dezelfde
mono • *n* aap
montaña • *n* berg
morado • *adj* paars, purple
morder • *v* bijten
morir • *v* doodgaan, sterven
mosca • *n* vlieg
moto • *n* motorfiets
motor • *n* motor
mover • *v* bewegen
muerte • *n* dood
muerto • *adj* dood
mujer • *n* vrouw
museo • *n* museum
música • *n* muziek
muy • *adv* heel, erg

N

nacimiento • *n* geboorte
nada • *pron* niets
nadar • *v* zwemmen
nadie • *pron* niemand
naranja • *adj* oranje • *n* sinaasappel
nariz • *n* neus
natación • *n* zwemmen
natural • *adj* natuurlijk
neblina • *n* mist
necesitar • *v* nodig hebben, behoeven
negocio • *n* bedrijf
negro • *adj* zwart
nevera • *n* koelkast, ijskast
nieta • *n* kleindochter
nieto • *n* kleinzoon
nieve • *n* sneeuw
niño • *n* kind
no • nee
noche • *n* nacht
nombre • *n* naam
normal • *adj* normaal
norte • *n* noorden
Noruega • *n* Noorwegen
nosotros / nosotras • *pron* wij
nota • *n* Notitie
noveno • *num* negende
noventa • *num* 90 (negentig)
noviembre • *n* november
nube • *n* wolk
nueve • *num* 9 (negen)
número • *num* nummer
nunca • *adv* nooit

O

o • *conj* of
Oceanía • *n* Oceanië
océano • *n* oceaan
ochenta • *num* 80 (tachtig)
ocho • *num* 8 (acht)
ocio • *n* vermaak
octavo • *num* achtste
octubre • *n* oktober
odiar • *v* haten
oeste • *n* westen
oferta • *n* aanbod, aanbieding
oficina • *n* kantoor
ofrecer • *v* bieden
oir • *v* horen
ojo • *n* oog
ola • *n* golf
oler • *v* ruiken
olvidar • *v* vergeten
once • *num* 11 (elf)
oportunidad • *n* kans, toeval
óptico • *n* opticien
ordenador • *n* computer
oreja • *n* oor
oro • *n* goud
oscuro • *adj* donker
otoño • *n* herfst
oveja • *n* schaap

P

pacífico • *adj* vredig
padre • *n* vader
pagar • *v* betalen
país • *n* land
Países Bajos • *n* Nederland
pájaro • *n* vogel
palabra • *n* woord
pan • *n* brood
panadería • *n* bakkerij
panadero • *n* bakker
pantalla • *n* monitor
pantalones • *n* broek
papel • *n* papier
papelera • *n* afvalbak
paraguas • *n* paraplu
parar • *v* stoppen
parecer • *v* lijken
pared • *n* muur
parque • *n* park
pasillo • *n* gangpad
pasta • *n* pasta
pastel • *n* taart
patata • *n* aardappel
paz • *n* vrede
pecho • *n* borst
pedir • *v* vragen, verzoeken
peine • *n* kam
película • *n* film
peligro • *n* gevaar
peligroso • *adj* onveilig, gevaarlijk
pelota • *n* bal
peluquería • *n* kapper
peluquero • *n* kapper
pensar • *v* denken
peor • *adj* slechter
pepino • *n* komkommer
pequeño • *adj* klein
pera • *n* peer
perder • *v* verliezen
pérdida • *n* verlies
periodista • *n* journalist
permitir • *v* toestaan
pero • *conj* maar
perro • *n* hond
persona • *n* persoon
pesado • *adj* zwaar
pescado • *n* vis
pescador • *n* visser
peso • *n* gewicht

pestaña • *n* wimper
pez • *n* vis
pie • *n* voet
piedra • *n* steen
piel • *n* huid
pierna • *n* been
piloto • *n* piloot
pimienta • *n* peper
pimiento • *n* paprika
pincel • *n* penseel
pintor • *n* schilder
pintura • *n* schilderkunst
piña • *n* ananas
piso • *n* vloer
plano • *adj* vlak
plata • *n* zilver
plátano • *n* banaan
plato • *n* bord
playa • *n* strand
plaza • *n* plein
pobre • *adj* arm
poco común • *adj* ongewoon
poco profundo • *adj* ondiep
poder • *n* macht • *v* kunnen
policía • *n* politieman
político • *n* politicus
pollo • *n* kip
Polonia • *n* Polen
polvo • *n* stof
poner • *v* zetten
por • *conj* want
¿por qué? • *adv* waarom?
porque • *conj* omdat, daar
Portugal • *n* Portugal
posible • *adj* mogelijk
precio • *n* prijs
pregunta • *n* vraag
preguntar • *v* vragen
presidente • *n* president
primavera • *n* lente
primero • *num* eerste
privado • *adj* privaat
probador • *n* paskamer
problema • *n* probleem
profundo • *adj* diep
programa • *n* programma
programador • *n* programmeur
prohibir • *v* verbieden
público • *adj* openbaar
puerta • *n* deur
puerto • *n* haven
pulmón • *n* long
¿qué? • *pron* wat?

Q

quemadura • *n* brandwond
querer • *v* liefhebben, houden van, willen
queso • *n* kaas
¿quién? • *pron* wie?
quince • *num* 15 (vijftien)
quinto • *num* vijfde

R

raíz • *n* wortel
rama • *n* tak
rana • *n* kikker
rápidamente • *adv* snel, vlug
rápido • *adj* snel
raro • *adj* zeldzaam
ratón • *n* muis
razón • *n* reden
rebajas • *n* uitverkoop
recepcionista • *n* receptionist
recibir • *v* krijgen
recordar • *v* zich herinneren

redondo • *adj* rond
regular • *adj* regelmatig, geregeld
regularmente • *adv* regelmatig
Reino Unido • *n* Verenigd Koningkrijk
reir • *v* lachen
relación • *n* verhouding
relámpago • *n* bliksem
religión • *n* godsdienst
reloj • *n* polshorloge
repentino • *adj* plotseling
responsable • *adj* verantwoordelijk
respuesta • *n* antwoord
restaurante • *n* restaurant
resultado • *n* resultaat
rico • *adj* rijk
riñon • *n* nier
río • *n* rivier
robar • *v* stelen
roca • *n* rots
rodilla • *n* knie
rojo • *adj* rood
ropa • *n* kleren
rosa • *adj* roze
roto • *adj* gebroken
ruidoso • *adj* luid
Rusia • *n* Rusland

S

sábado • *n* zaterdag
sábana • *n* laken
saber • *v* weten, kennen
sabio • *adj* wijs
sacar • *v* afhaalmaaltijd
sal • *n* zout
sala de estar • *n* woonkamer
salchicha • *n* worst
salida • *n* uitgang
salir • *v* uitgaan
salud • *n* gezondheid
sandía • *n* watermeloen
sangre • *n* bloed
sano • *adj* gezond
sartén • *n* koekenrpan
secadora • *n* wasdroger
sección • *n* afdeling
seco • *adj* droog
secretario • *n* secretaris
secreto • *adj* geheim
seguir • *v* volgen
segundo • *n* seconde • *num* tweede
seguro • *adj* veilig
seis • *num* 6 (zes)
sello • *n* postzegel
semáforo • *n* verkeerslicht
semana • *n* week
sencillo • *adj* eenvoudig
sensación • *n* gevoel
sentarse • *v* zitten
sentir • *v* voelen
señal • *n* teken
septiembre • *n* september
séptimo • *num* zevende
ser • *v* zijn
serio • *adj* ernstig, serieus
serpiente • *n* slang
serrucho • *n* handzaag
sesenta • *num* 60 (zestig)
seta • *n* paddestoel
setenta • *num* 70 (zeventig)
sexo • *n* geslacht, sekse
sexto • *num* zesde
sí • ja
siempre • *adv* altijd
siete • *num* 7 (zeven)
silencioso • *adj* stil
silla • *n* stoel
sillón • *n* fauteuil
sin importancia • *adj* onbelangrijk
sistema • *n* systeem
sobre • *n* envelop
sobrina • *n* nicht
sobrino • *n* neef

sol • *n* zon
soldado • *n* soldaat
sólido • *adj* vast, solide
sólo • *adv* alleen, pas
soltero • *adj* alleenstaand
sombrero • *n* hoed, kap
sonreír • *v* glimlachen
sopa • *n* soep
sorpresa • *n* verrassing
sótano • *n* kelder
suave • *adj* glad, zacht
subir • *v* opgaan
sucio • *adj* vuil, ves
Suecia • *n* Zweden
suegra • *n* schoonmoeder
suegro • *n* schoonvader
supermercado • *n* supermarkt
sur • *n* zuiden

T

tablero • *n* bordspel
taladro • *n* boormachine
talla • *n* maat
tarde • *adj* laat • *n* avond
tarjeta de crédito • *n* kredietkaart
taxi • *n* taxi
taza • *n* beker, kop
té • *n* thee
teatro • *n* theater
teclado • *n* toetsenbord
teja • *n* tegel
tejado • *n* dak
teléfono • *n* telefoon
televisión • *n* televisie
temperatura • *n* temperatuur
temprano • *adj* vroeg
tenedor • *n* vork
tener • *v* hebben
tenis • *n* tennis
teoría • *n* theorie
tercero • *num* derde
terminar • *v* eindigen
tetera • *n* theepot
tía • *n* tante
tiburón • *n* haai
tierra • *n* aarde
tigre • *n* tijger
tijeras • *n* schaar
tío • *n* oom
toalla • *n* handdoek
todavía • *adv* nog, toch
todo • *pron* alles
todos • *pron* iedereen
tomar • *v* nemen
tomate • *n* tomaat
tonto • *adj* dwaas
tormenta • *n* storm, onweer
tornillo • *n* schroef
tos • *n* hoesten
trabajar • *v* werken
trabajo • *n* werk
traductor • *n* vertaler
traer • *v* brengen
tranporte • *n* vervoer
trece • *num* 13 (dertien)
treinta • *num* 30 (dertig)
tren • *n* trein
tres • *num* 3 (drie)
triste • *adj* ongelukkig
trueno • *n* donder
tú • *pron* u, jij
tuerca • *n* moer
Turquía • *n* Turkije

U

un millón • *num* 1000000 (een miljoen)
universidad • *n* universiteit
uno • *num* 1 (één)
uña • *n* nagel
útil • *adj* nuttig
utilizar • *v* gebruiken
uva • *n* druif

V

vaca • *n* koe
vacío • *adj* leeg
valiente • *adj* dapper
valor • *n* waarde
vaso • *n* glas
veinte • *num* 20 (twintig)
vender • *v* verkopen
venir • *v* komen
ventana • *n* venster
ver • *v* zien
verano • *n* zomer
verdad • *n* waarheid
verdadero • *adj* waar
verde • *adj* groen
vestido • *n* jurk
viaje • *n* reis
viejo • *adj* oud
viento • *n* wind
viernes • *n* vrijdag
vinagre • *n* azijn
vino • *n* wijn
violento • *adj* gewelddadig
vivir • *v* leven
vivo • *adj* levend
volcán • *n* vulkaan
voleibol • *n* volleybal
volver • *v* terugkeren, terugbrengen
vosotros / vosotras • *pron* jullie
voz • *n* stem
vuelo • *n* vlucht

W

wáter • *n* toilet
waterpolo • *n* waterpolo

Y

y • *conj* en
ya • *adv* al, reeds
yo • *pron* ik
yogur • *n* yoghurt

Z

zanahoria • *n* wortel
zapato • *n* schoen
zumo • *n* sap

Neerlandés-Español

A

aanbieding • *n* oferta
aanbod • *n* oferta
aandacht • *n* atención
aanval • *n* ataque
aap • *n* mono
aardappel • *n* patata
aardbei • *n* fresa
aarde • *n* tierra
abrikoos • *n* albaricoque
accepteren • *v* aceptar
acht • *num* ocho
achter • *adv* detrás
achternaam • *n* apellido
achtste • *num* octavo
achttien • *num* dieciocho
acteur • *n* actor
adem • *n* aliento
adres • *n* dirección
advertentie • *n* anuncio
advocaat • *n* abogado
af en toe • *adv* de vez en cuando
afdalen • *v* bajar
afdeling • *n* sección
afhaalmaaltijd • *v* sacar
Afrika • *n* África
afvalbak • *n* papelera
al • *adv* ya
aleer • *conj* antes
algemeen • *adj* general
alleen • *adv* sólo
alleenstaand • *adj* soltero
alles • *pron* todo
altijd • *adv* siempre
Amerika • *n* América
ananas • *n* piña
angst • *n* miedo
antwoord • *n* respuesta
antwoorden • *v* contestar
apotheek • *n* farmacia
apotheker • *n* farmacéutico
appel • *n* manzana
april • *n* abril
architect • *n* arquitecto
Argentinië • *n* Argentina
arm • *adj* pobre • *n* brazo
augustus • *n* agosto
Australië • *n* Australia
auto • *n* coche
automatisch • *adj* automático
avenue • *n* avenida
avond • *n* tarde
Azië • *n* Asia
azijn • *n* vinagre

B

badkamer • *n* cuarto de baño
badkuip • *n* bañera
bakker • *n* panadero
bakkerij • *n* panadería
baksteen • *n* ladrillo
bal • *n* pelota
banaan • *n* plátano
bank • *n* banco
basketbal • *n* baloncesto
bed • *n* cama
bedrag • *n* cantidad
bedrijf • *n* negocio
beehouwer • *n* carnicero
been • *n* pierna
beginnen • *v* empezar
begrijpen • *v* entender
behoeven • *v* necesitar
beker • *n* taza
belangrijk • *adj* importante
belasting • *n* impuesto
belevenis • *n* experiencia
België • *n* Bélgica
beneden • *adv* debajo
benzine • *n* gasolina
benzinestation • *n* gasolinera
bereiken • *v* alcanzar
berg • *n* montaña
besluit • *n* decisión
besteden • *v* gastar
betalen • *v* pagar
beter • *adj* mejor
bewegen • *v* mover
bewonderaar • *n* aficionado
bibliothecaris • *n* bibliotecario
bibliotheek • *n* biblioteca
bieden • *v* ofrecer
bier • *n* cerveza
bij • *n* abeja
bijten • *v* morder
binnenkomen • *v* entrar
bioscoop • *n* cine
bitter • *adj* amargo
blad • *n* hoja
blauw • *adj* azul
bliksem • *n* relámpago
bloed • *n* sangre
bloem • *n* flor
bloemkool • *n* coliflor
blouse • *n* blusa
boek • *n* libro
boekenkast • *n* biblioteca
boekhouder • *n* contable
boekwinkel • *n* librería
boer • *n* agricultor
boodschappentas • *n* bolso
boom • *n* árbol
boon • *n* judía
boormachine • *n* taladro
boos • *adj* enfadado
boot • *n* barca
bord • *n* plato
bordspel • *n* tablero
borst • *n* pecho
bos • *n* bosque
bot • *n* hueso
boter • *n* mantequilla
bouwer • *n* albañil
boven • *adv* encima
brand • *n* fuego
brandweerman • *n* bombero
brandwond • *n* quemadura
brengen • *v* traer
brief • *n* carta
brievenbus • *n* buzón
bril • *n* gafas
broek • *n* pantalones
broer • *n* hermano
brood • *n* pan
broodje • *n* bocadillo
bruin • *adj* marrón
bureau • *n* escritorio
bus • *n* autobús
busstation • *n* estación

C

café • *n* cafetería
Canada • *n* Canadá
chefkok • *n* cocinero
China • *n* China
citroen • *n* limón
Colombia • *n* Colombia
competitie • *n* competencia
compleet • *adj* completo
computer • *n* ordenador
concert • *n* concierto
creëren • *v* crear

D

daar • *conj* porque
dag • *n* día
dageraad • *n* atardecer
dak • *n* tejado
damspel • *n* damas
dans • *n* danza
dapper • *adj* valiente
das • *n* bufanda
december • *n* diciembre
dekbed • *n* edredón
deken • *n* manta
delicaat • *adj* delicado
Denemarken • *n* Dinamarca
denken • *v* pensar
derde • *num* tercero
dertien • *num* trece
dertig • *num* treinta
deur • *n* puerta
dezelfde • *adj* mismo
dienblad • *n* bandeja
diep • *adj* profundo
dier • *n* animal
dik • *adj* grueso
dikwijls • *adv* frecuentemente
ding • *n* cosa
dinsdag • *n* martes
discussie • *n* discusión
dochter • *n* hija
docter • *n* médico
doek • *n* lienzo
doen • *v* hacer
dominospel • *n* dominó
donder • *n* trueno
donderdag • *n* jueves
donker • *adj* oscuro
dood • *adj* muerto • *n* muerte
doodgaan • *v* morir
doorbrengen • *v* gastar
doos • *n* caja
douche • *n* ducha
drie • *num* tres
drinken • *v* beber
droog • *adj* seco
druif • *n* uva
duidelijk • *adv* claramente
Duitsland • *n* Alemania
duizend • *num* mil
dun • *adj* delgado
duur • *adj* caro
dwaas • *adj* tonto

E

één • *num* uno
een miljoen • *num* un millón
eenvoudig • *adj* sencillo
eerste • *num* primero
ei • *n* huevo
eierplant • *n* berenjena
eindigen • *v* terminar
elektricien • *n* electricista
elf • *num* once
emmer • *n* cubo
en • *conj* y
envelop • *n* sobre
er • *adv* allí
erg • *adv* muy
ernstig • *adj* serio
erwt • *n* guisante
eten • *n* comida • *v* comer
Europa • *n* Europa
extreem • *adv* extremadamente

F

factur • *n* cuenta
familie • *n* familia
fan • *n* aficionado
fauteuil • *n* sillón
februari • *n* febrero
fiets • *n* bicicleta
film • *n* película
Finland • *n* Finlandia
fles • *n* botella
fotograaf • *n* fotógrafo
fout • *adj* incorrecto
Frankrijk • *n* Francia

G

gaan • *v* ir
galerij • *n* galería
gangpad • *n* pasillo
geboorte • *n* nacimiento
gebouw • *n* edificio
gebroken • *adj* roto
gebruiken • *v* utilizar
geel • *adj* amarillo
geheim • *adj* secreto
geheugen • *n* memoria
geit • *n* cabra
geld • *n* dinero
gelijk • *adj* igual
geloof • *n* fe
geloven • *v* creer
gelukkig • *adj* feliz
gemakkelijk • *adj* fácil
genoeg • *adv* bastante
geregeld • *adj* regular
geschiedenis • *n* historia
geslacht • *n* sexo
gesloten • *adj* cerrado
getrouwd • *adj* casado
gevaar • *n* peligro
gevaarlijk • *adj* peligroso
gevangenis • *n* cárcel
geven • *v* dar
gevoel • *n* sensación
gewelddadig • *adj* violento
gewicht • *n* peso
gewwon • *adj* común
gezicht • *n* cara

gezond • *adj* sano
gezondheid • *n* salud
giraffe • *n* jirafa
gisteren • *adv* ayer
glad • *adj* suave
glas • *n* vaso
glimlachen • *v* sonreír
godsdienst • *n* religión
goed • *adj* bueno • *adv* bien
goedkoop • *adj* barato
golf • *n* golf
gootsteen • *n* fregadero
gordijn • *n* cortina
goud • *n* oro
gras • *n* césped
gratis • *adj* gratis
Griekenland • *n* Grecia
grijs • *adj* gris
groen • *adj* verde
groot • *adj* estupendo
grootmoeder • *n* abuela
grootvader • *n* abuelo
gymzaal • *n* gimnasio

H

haai • *n* tiburón
haar • *n* cabello
haard • *n* chimenea
hagel • *n* granizo
hals • *n* cuello
hamer • *n* martillo
hand • *n* mano
handbal • *n* balonmano
handdoek • *n* toalla
handschoen • *n* guante
handzaag • *n* serrucho
hard • *adj* duro
hart • *n* corazón
haten • *v* odiar
haven • *n* puerto
hebben • *v* tener
heel • *adv* muy
heelal • *n* espacio
heerlijk • *adj* estupendo
heet • *adj* caliente
helder • *adj* claro
helpen • *v* ayudar
hemel • *n* cielo
herfst • *n* otoño
hersenen • *n* cerebro
het dossier • *n* carpeta
hier • *adv* aquí
hij • *pron* él
hitte • *n* calor
hoe? • *adv* ¿cómo?
hoed • *n* sombrero
hoesten • *n* tos
hoeveel? • *adv* ¿cuántos?
hond • *n* perro
honderd • *num* cien
hoofd • *n* cabeza
hoog • *adj* alto
hopen • *v* esperar
horen • *v* oir
hotel • *n* hotel
houden • *v* guardar
houden van • *v* querer
hout • *n* madera
huid • *n* piel
huilen • *v* llorar
huis • *n* casa

I

idee • *n* idea
iedereen • *pron* todos
iemand • *pron* cualquiera
iets • *pron* cualquier cosa
ijs • *n* hielo
ijsje • *n* helado
ijskast • *n* nevera
ijzer • *n* hierro
ik • *pron* yo
Inbrengen • *v* meter
Indië • *n* India
ingaan • *v* entrar
ingang • *n* entrada
ingenieur • *n* ingeniero
ingewikkeld • *adj* complicado
interessant • *adj* interesante
Italië • *n* Italia

J

ja • sí
jaar • *n* año
jack • *n* chaqueta
januari • *n* enero
Japan • *n* Japón
jas • *n* abrigo
jij • *pron* tú
jong • *adj* joven
jongen • *n* chico
journalist • *n* periodista
juist • *adj* correct
juli • *n* julio
jullie • *pron* vosotros, vosotras
juni • *n* junio
jurk • *n* vestido
juweel • *n* joya

K

kaart • *n* mapa
kaartje • *n* billete
kaas • *n* queso
kam • *n* peine
kamer • *n* habitación
kans • *n* oportunidad
kantoor • *n* oficina
kap • *n* sombrero
kapper • *n* peluquero
kassa • *n* caja
kassier • *n* cajero
kat • *n* gato
katoen • *n* algodón
keel • *n* garganta
kelder • *n* sótano
kennen • *v* saber
kerk • *n* iglesia
kers • *n* cereza
keuken • *n* cocina
kiezen • *v* escoger
kijken • *v* mirar
kikker • *n* rana
kin • *n* barbilla
kind • *n* niño
kip • *n* pollo
kiwi • *n* kiwi
klaar • *adj* listo
klant • *n* cliente
kleerkast • *n* armario
klein • *adj* pequeño

kleindochter • *n* nieta
kleinzoon • *n* nieto
kleren • *n* ropa
knie • *n* rodilla
knoop • *n* botón
koe • *n* vaca
koekenrpan • *n* sartén
koelkast • *n* nevera
koffie • *n* café
koffiehuis • *n* cafetería
koffietafel • *n* mesa de café
kokosnoot • *n* coco
komen • *v* venir
komkommer • *n* pepino
konijn • *n* conejo
kop • *n* taza
kopen • *v* comprar
koper • *n* cobre
kort • *adj* bajo
kosten • *v* costar
koud • *adj* frío
kracht • *n* fuerza
kredietkaart • *n* tarjeta de crédito
krijgen • *v* recibir
kruiden • *n* especia
kunnen • *v* poder
kunst • *n* arte
kussen • *n* cojín
kust • *n* costa
kwaad • *adj* enfadado
kwaliteit • *n* calidad
kwast • *n* brocha

L

laag • *adj* bajo
laars • *n* bota
laat • *adj* tarde
lachen • *v* reir
lade • *n* cajón
lafaard • *adj* cobarde
laken • *n* sábana
lamp • *n* lámpara
land • *n* país
landbouwen • *n* agricultor
lang • *adj* alto
langzaam • *adj* lento • *adv* lentamente
laten • *v* dejar
later • *adv* luego
leeg • *adj* vacío
leer • *n* cuero
leeuw • *n* león
lelijk • *adj* feo
lente • *n* primavera
lepel • *n* cuchara
leraar • *n* maestro
leren • *v* enseñar
leugen • *n* mentira
leven • *v* vivir
levend • *adj* vivo
lever • *n* hígado
lezen • *v* leer
lichaam • *n* cuerpo
licht • *adj* ligero
liefde • *n* amor
liefhebben • *v* querer
lijken • *v* parecer
links • *adj* izquierdo
lip • *n* labio
long • *n* pulmón
loodgieter • *n* fontanero
lopen • *v* caminar
los • *adj* flojo
lucht • *n* aire
luchthaven • *n* aeropuerto
luid • *adj* ruidoso
luisteren • *v* escuchar

M

maag • *n* estómago
maand • *n* mes
maandag • *n* lunes
maar • *conj* pero
maart • *n* marzo
maat • *n* talla
machine • *n* máquina
macht • *n* poder
magnetronoven • *n* microondas
maïs • *n* maíz
maken • *v* hacer
man • *n* hombre
mannelijk • *adj* masculino
mantel • *n* abrigo
markt • *n* mercado
matras • *n* colchón
mechanicus • *n* mecánico
meel • *n* harina
meer • *n* lago
mei • *n* mayo
meisje • *n* chica
melk • *n* leche
meloen • *n* melón
mes • *n* cuchillo
messing • *n* latón
metaal • *n* metal
Mexico • *n* México
middag • *n* mediodía
middaguur • *n* mediodía
middernacht • *n* medianoche
mier • *n* hormiga
minuut • *n* minuto
misdaad • *n* crime
mist • *n* neblina
moe • *adj* cansado
moed • *n* coraje
moeder • *n* madre
moeilijk • *adj* difícil
moer • *n* tuerca
mogelijk • *adj* posible
mond • *n* boca
monitor • *n* pantalla
monteur • *n* mecánico
mooi • *adj* guapo
morgen • *adv* mañana
motor • *n* motor
motorfiets • *n* moto
muis • *n* ratón
museum • *n* museo
muur • *n* pared
muziek • *n* música
muziekinstrument • *n* instrumento

N

naam • *n* nombre
nacht • *n* noche
nadat • *conj* después
nagel • *n* uña
nat • *adj* húmedo
natuurlijk • *adj* natural
nauw • *adj* estrecho
Nederland • *n* Países Bajos
nee • no
neef • *n* sobrino
negen • *num* nueve
negende • *num* noveno
negentien • *num* diecinueve
negentig • *num* noventa
nemen • *v* tomar
nergens • *adv* en ninguna parte
neus • *n* nariz
nicht • *n* sobrina
niemand • *pron* nadie
nier • *n* riñon
niets • *pron* nada
nodig hebben • *v* necesitar
noemen • *v* llamar
nog • *adv* todavía

nooit • *adv* nunca
noorden • *n* norte
Noorwegen • *n* Noruega
normaal • *adj* normal
Notitie • *n* nota
notitieboekje • *n* cuaderno
november • *n* noviembre
nu • *adv* ahora
nul • *num* cero
nummer • *num* número
nutteloos • *adj* inútil
nuttig • *adj* útil

O

ober • *n* camarero
oceaan • *n* océano
Oceanië • *n* Oceanía
ochtend • *n* mañana
of • *conj* o
oktober • *n* octubre
olie • *n* aceite
olifant • *n* elefante
omdat • *conj* porque
onbelangrijk • *adj* sin importancia
onderwijs • *n* educación
onderwijzen • *v* enseñar
ondiep • *adj* poco profundo
ongelukkig • *adj* triste
ongewoon • *adj* poco común
onmogelijk • *adj* imposible
ontmoeten • *v* encontrar
ontwerp • *n* diseño
ontwerper • *n* diseñador
onveilig • *adj* peligroso
onverantwoordelijk • *adj* irresponsable
onweer • *n* tormenta
oog • *n* ojo
ook • *adv* además
oom • *n* tío
oor • *n* oreja
oorlog • *n* guerra
oorzaak • *n* causa
oosten • *n* este
open • *adj* abierto
openbaar • *adj* público
openen • *v* abrir
opgaan • *v* subir
opticien • *n* óptico
oranje • *adj* naranja
otwaken • *v* despertarse
oud • *adj* viejo
oven • *n* horno
overal • *adv* en todas partes
overeenkomst • *n* acuerdo
overhemd • *n* camisa

P

paard • *n* caballo
paars • *adj* morado
paddestoel • *n* seta
papier • *n* papel
paprika • *n* pimiento
paraat • *adj* listo
paraplu • *n* paraguas
park • *n* parque
pas • *adv* sólo
paskamer • *n* probador
pasta • *n* pasta
peer • *n* pera
pen • *n* bolígrafo
penseel • *n* pincel
peper • *n* pimienta
persoon • *n* persona

perzik • *n* melocotón
pijn • *n* dolor
piloot • *n* piloto
plaats • *n* lugar
plank • *n* estante
plein • *n* plaza
plotseling • *adj* repentino
poging • *n* intento
Polen • *n* Polonia
politicus • *n* político
politiebureau • *n* comisaría
politieman • *n* policía
polshorloge • *n* reloj
pompoen • *n* calabaza
portemonnee • *n* bolsillo
Portugal • *n* Portugal
postbode • *n* cartero
postzegel • *n* sello
potlood • *n* lápiz
pottenbakkerij • *n* cerámica
praten • *v* hablar
president • *n* presidente
prijs • *n* precio
printer • *n* impresora
privaat • *adj* privado
proberen • *v* intentar
probleem • *n* problema
programma • *n* programa
programmeur • *n* programador
purple • *adj* morado

R

receptionist • *n* recepcionista
rechter • *n* juez
rechts • *adj* derecho
reclame • *n* anuncio
reden • *n* razón
reeds • *adv* ya
regelmatig • *adj* regular • *adv* regularmente
regen • *n* lluvia
reinigen • *v* limpiar
reis • *n* viaje
rekening • *n* cuenta
rennen • *v* correr
restaurant • *n* restaurante
resultaat • *n* resultado
richting • *n* dirección
rijden • *v* conducir
rijk • *adj* rico
rijst • *n* arroz
ring • *n* anillo
rivier • *n* río
roepen • *v* llamar
rok • *n* falda
roken • *v* fumar
rond • *adj* redondo • *adv* alrededor
rondom • *adv* alrededor
rood • *adj* rojo
rots • *n* roca
roze • *adj* rosa
ruiken • *v* oler
Rusland • *n* Rusia
ruw • *adj* áspero

S

saai • *adj* aburrido
sap • *n* zumo
schaak • *n* ajedrez
schaap • *n* oveja
schaar • *n* tijeras
scheppen • *v* crear
scherp • *adj* agudo
schilder • *n* pintor
schilderkunst • *n* pintura
schip • *n* barco
schoen • *n* zapato
school • *n* colegio
schoon • *adj* limpio
schoonbroer • *n* cuñado
schoonheid • *n* belleza
schoonmaken • *v* limpiar
schoonmoeder • *n* suegra
schoonvader • *n* suegro
schoonzus • *n* cuñada
schoorsteen • *n* chimenea
schrijven • *n* escritura • *v* escribir
schrijver • *n* autor
schroef • *n* tornillo
schroevedraaier • *n* destornillador
schuld • *n* deuda
seconde • *n* segundo
secretaris • *n* secretario
seizoen • *n* estación
sekse • *n* sexo
september • *n* septiembre
serieus • *adj* serio
shampoo • *n* champú
sinaasappel • *n* naranja
sjaal • *n* bufanda
ski • *n* esquí
sla • *n* lechuga
slaapkamer • *n* dormitorio
slager • *n* carnicero
slagerij • *n* carnicería
slang • *n* serpiente
slank • *adj* delgado
slapen • *v* dormir
slecht • *adj* malo • *adv* mal
slechter • *adj* peor
sleutel • *n* llave
slot • *n* cerradura
sluiten • *v* cerrar
smaak • *n* gusto
smal • *adj* estrecho
sneeuw • *n* nieve
snel • *adj* rápido • *adv* rápidamente
snijden • *v* cortar
soep • *n* sopa
sok • *n* calcetín
soldaat • *n* soldado
solide • *adj* sólido
soms • *adv* a veces
somtijds • *adv* a veces
Spanje • *n* España
specerij • *n* especia
speciaal • *adj* especial
spelen • *v* jugar
spiegel • *n* espejo
spin • *n* araña
spons • *n* esponja
sport • *n* deporte
staal • *n* acero
staat • *n* condición
steen • *n* piedra
steenkool • *n* carbón
stelen • *v* robar
stem • *n* voz
sterk • *adj* fuerte
sterven • *v* morir
stil • *adj* silencioso
stoel • *n* silla
stof • *n* polvo
stomp • *adj* desafilado
stopdas • *n* corvata
stoppen • *v* parar
storm • *n* tormenta
straat • *n* calle
strak • *adj* apretado
strand • *n* playa
streepjescode • *n* código de barras

structuur • *n* estructura
suiker • *n* azúcar
supermarkt • *n* supermercado
systeem • *n* sistema

T

taal • *n* idioma
taart • *n* pastel
tachtig • *num* ochenta
tafel • *n* mesa
tak • *n* rama
tand • *n* diente
tandarts • *n* dentista
tandenborstel • *n* cepillo de dientes
tante • *n* tía
tapijt • *n* alfombra
tas • *n* bolso
taxi • *n* taxi
taxichauffeur • *n* conductor de taxi
te • *adv* demasiado
tegel • *n* teja
tegenover • *adv* enfrente
teken • *n* señal
tekenen • *n* dibujo
telefoon • *n* teléfono
televisie • *n* televisión
temperatuur • *n* temperatura
tennis • *n* tenis
terugbrengen • *v* volver
terugkeren • *v* volver
terwijl • *conj* mientras
tevens • *adv* demasiado
theater • *n* teatro
thee • *n* té
theepot • *n* tetera
theorie • *n* teoría
ticket • *n* billete
tien • *num* diez
tiende • *num* décimo
tijd • *n* hora
tijger • *n* tigre
timmerman • *n* carpintero
toch • *adv* todavía
toestaan • *v* permitir
toetsenbord • *n* teclado
toeval • *n* oportunidad
toilet • *n* wáter
toiletten • *n* aseos
tomaat • *n* tomate
tonen • *v* enseñar
tong • *n* lengua
trappenhuis • *n* escalera
trein • *n* tren
triktrak • *n* backgammon
tuin • *n* jardín
tuinman • *n* jardinero
Turkije • *n* Turquía
twaalf • *num* doce
twee • *num* dos
tweede • *num* segundo
twijfel • *n* duda
twintig • *num* veinte

U

u • *pron* tú
ug • *n* espalda
ui • *n* cebolla
uiterst • *adv* extremadamente
uitgaan • *v* salir
uitgang • *n* salida
uitverkoop • *n* rebajas
universiteit • *n* universidad
uur • *n* hora
uuteur • *n* autor

V

vaak • *adv* frecuentemente
vaas • *n* jarrón
vader • *n* padre
vallen • *v* caer
vals • *adj* falso
vandaag • *adv* hoy
varken • *n* cerdo
varkensvlees • *n* cerdo
vast • *adj* fijo
veelvuldig • *adj* frecuente
veertien • *num* catorce
veertig • *num* cuarenta
veilig • *adj* seguro
vennootschap • *n* empresa
venster • *n* ventana
veranderen • *v* cambiar
veranderening • *n* cambio
verantwoordelijk • *adj* responsable
verbergen • *v* esconder
verbieden • *v* prohibir
verdergaan • *v* continuar
Verenigd Koningkrijk • *n* Reino Unido
Verenigde Staten • *n* Estados Unidos
vergeten • *v* olvidar
verhouding • *n* relación
verkeerslicht • *n* semáforo
verklaren • *v* explicar
verkopen • *v* vender
verlangen • *n* deseo
verlaten • *v* irse
verlies • *n* pérdida
verliezen • *v* perder
vermaak • *n* ocio
verpleegster • *n* enfermera
verrassing • *n* sorpresa
verschillend • *adj* diferente
vertaler • *n* traductor
vertrekken • *v* irse
vervoer • *n* tranporte
verwijderen • *v* borrar
verzoeken • *v* pedir
ves • *adj* sucio
vet • *adj* gordo
vier • *num* cuatro
vierde • *num* cuarto
vijf • *num* cinco
vijfde • *num* quinto
vijftien • *num* quince
vijftig • *num* cincuenta
vinden • *v* encontrar
vinger • *n* dedo
vis • *n* pescado
visser • *n* pescador
vlak • *adj* plano
vlees • *n* carne
vlieg • *n* mosca
vliegtuig • *n* avión
vloeibaar • *adj* líquido
vloer • *n* piso
vlucht • *n* vuelo
vlug • *adv* rápidamente
voelen • *v* sentir
voet • *n* pie

voetbal • *n* fútbol
vogel • *n* pájaro
vol • *adj* lleno
volgen • *v* seguir
volleybal • *n* voleibol
volwassene • *n* adulto
voor • *adv* delante
voorbeeld • *n* ejemplo
voortzetten • *v* continuar
voorwaarde • *n* condición
voorzichtig • *adv* cuidadosamente
vork • *n* tenedor
vraag • *n* pregunta
vrachtwagen • *n* camión
vragen • *v* pedir
vrede • *n* paz
vredig • *adj* pacífico
vreemd • *adj* extraño
vrees • *n* miedo
vrij • *adj* gratis
vrijdag • *n* viernes
vrijheid • *n* libertad
vroeg • *adj* temprano
vrouw • *n* mujer
vrouwelijk • *adj* femenino
vruchtbaar • *adj* fértil
vuil • *adj* sucio
vuilnisbak • *n* cubo de basura
vulkaan • *n* volcán
vuur • *n* fuego

W

waar • *adj* verdadero
waar? • *adv* ¿dónde?
waarde • *n* valor
waarheid • *n* verdad
waarom? • *adv* ¿por qué?
wachten • *v* esperar
wakker • *adj* despierto
wakker worden • *v* despertarse
walvis • *n* ballena
wandelen • *v* caminar
wanneer • *conj* cuando
wanneer? • *adv* ¿cuándo?
want • *conj* por
was • *n* cera
wasbak • *n* lavabo
wasdroger • *n* secadora
wasmachine • *n* lavadora
wassen • *v* lavar
wastafel • *n* lavabo
wat dan ook • *pron* cualquier cosa
wat? • *pron* ¿qué?
water • *n* agua
waterkraan • *n* grifo
watermeloen • *n* sandía
waterpolo • *n* waterpolo
waterval • *n* cascada
wedstrijd • *n* competencia
week • *n* semana
weg • *n* carretera
wekker • *n* despertador
welk? welke? • *pron* ¿cuál?
wenen • *v* llorar
wenkbrauw • *n* ceja
werk • *n* trabajo
werken • *v* trabajar
werkgever • *n* jefe
werknemer • *n* dependiente
westen • *n* oeste
wet • *n* ley
weten • *v* saber
wetenschap • *n* ciencia
wetenschapper • *n* científico
wie dan ook • *pron* cualquiera
wie? • *pron* ¿quién?
wielersport • *n* ciclismo
wiens? van wie? • *pron* ¿de quién?
wij • *pron* nosotros, nosotras
wijd • *adj* ancho
wijn • *n* vino
wijs • *adj* sabio
willen • *v* querer
wimper • *n* pestaña
wind • *n* viento

winkelmandje • *n* cesta
winkelwagentje • *n* carro
winnen • *v* ganar
winter • *n* invierno
wissen • *v* borrar
wit • *adj* blanco
woensdag • *n* miércoles
woestijn • *n* desierto
wol • *n* lana
wolk • *n* nube
wond • *n* herida
woonkamer • *n* sala de estar
woord • *n* palabra
worden • *v* hacerse
worm • *n* gusano
worst • *n* salchicha
worstelen • *n* lucha
wortel • *n* zanahoria
wreed • *adj* cruel

Y

yoghurt • *n* yogur

Z

zacht • *adj* suave
zak • *n* bolsillo
zand • *n* arena
zanger • *n* cantante
zaterdag • *n* sábado
zee • *n* mar
zeep • *n* jabón
zeggen • *v* decir
zeker • *adj* cierto
zeldzaam • *adj* raro
zenden • *v* enviar
zes • *num* seis
zesde • *num* sexto
zestien • *num* dieciseis
zestig • *num* sesenta
zetten • *v* poner
zeven • *num* siete
zevende • *num* séptimo
zeventien • *num* diecisiete
zeventig • *num* setenta
zich herinneren • *v* recordar
ziek • *adj* enfermo
ziekenhuis • *n* hospital
ziekenwagen • *n* ambulancia
ziekte • *n* enfermedad
zien • *v* ver
zij • *pron* ellos, ellas
zijn • *v* ser
zilver • *n* plata
zitplaats • *n* asiento
zitten • *v* sentarse
zo • *adv* así
zoeken • *v* buscar
zoet • *adj* dulce
zomer • *n* verano
zon • *n* sol
zondag • *n* domingo
zonnebril • *n* gafas de sol
zonsopkomst • *n* amanecer
zoon • *n* hijo
zorg • *n* cuidado
zout • *n* sal
zuiden • *n* sur
zus • *n* hermana
zwaar • *adj* pesado
zwager • *n* cuñado
zwak • *adj* débil
zwart • *adj* negro
Zweden • *n* Suecia
zwemmen • *n* natación • *v* nadar

Printed in Great Britain
by Amazon

45826021R00058